VENTE
DE LA COLLECTION DE M. J...

OBJETS D'ART
ET DE
CURIOSITÉ

VENTE LES 4 ET 5 MAI 1860

Mᵉ CHARLES PILLET,   M. MANNHEIM,
Commissaire-Priseur.   Expert.

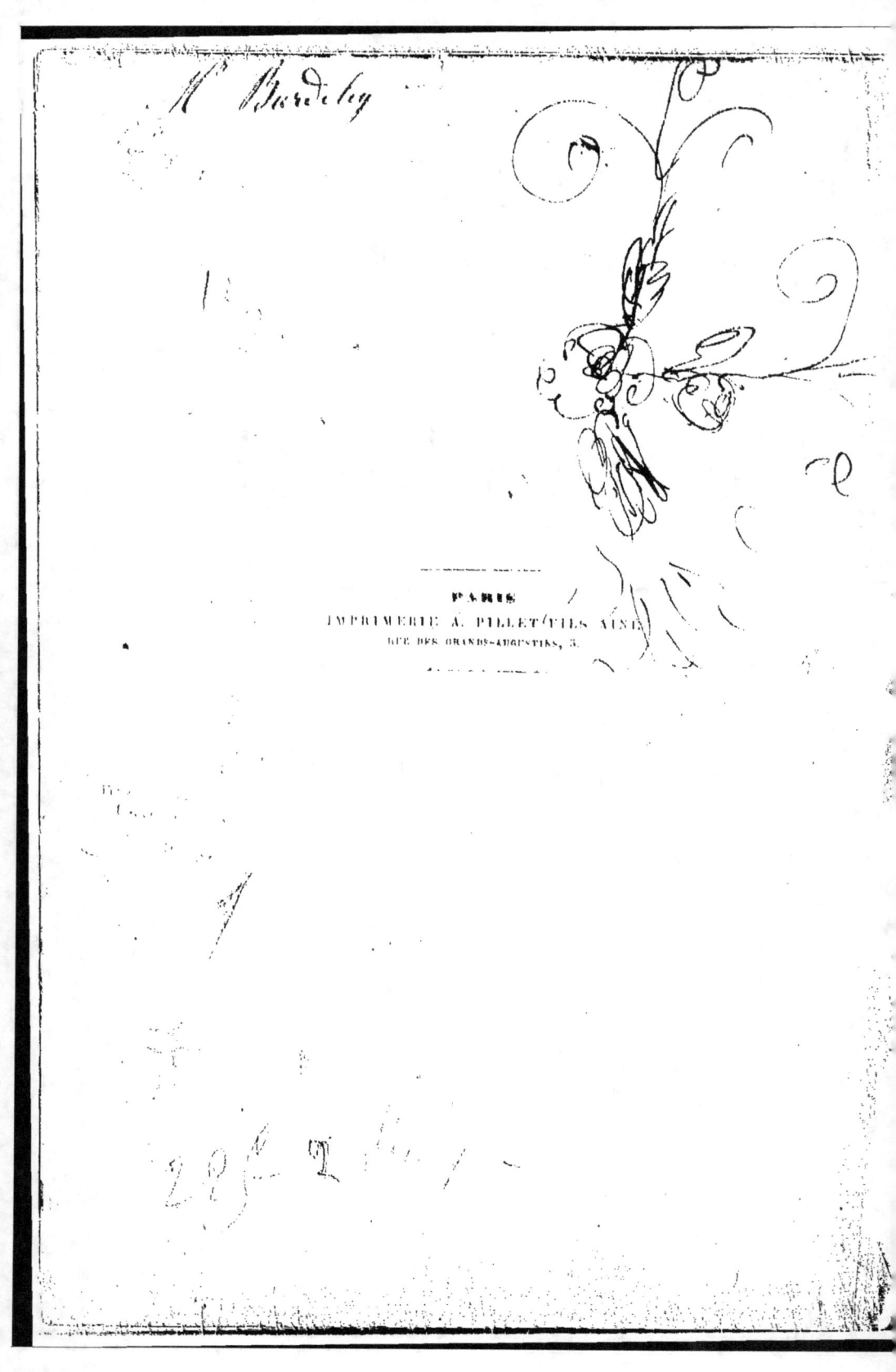

PARIS
IMPRIMERIE A. PILLET (FILS AÎNÉ)
RUE DES GRANDS-AUGUSTINS, 5.

CATALOGUE

DES

OBJETS D'ART

ET DE CURIOSITÉ

COMPOSANT LA COLLECTION DE M. C***

Dont la vente aux enchères publiques aura lieu

HOTEL DES VENTES MOBILIÈRES, RUE DROUOT, 5

SALLE N° 5, AU PREMIER

LES VENDREDI 4 ET SAMEDI 5 MAI 1860

A DEUX HEURES PRÉCISES

Par le ministère de M° **CHARLES PILLET**, Commissaire-Priseur,
rue de Choiseul, 11,
Assisté de M. **MANNHEIM**, expert, marchand de curiosités,
rue de la Paix, 10.

EXPOSITIONS { PARTICULIÈRE, le Mercredi 2 mai 1860,
PUBLIQUE, le Jeudi 3 Mai 1860.
De une heure à cinq heures.

PARIS
IMPRIMERIE DE PILLET FILS AINÉ
5, RUE DES GRANDS-AUGUSTINS.

1860

CONDITIONS DE LA VENTE

Elle sera faite au comptant.

Les adjudicataires payeront *cinq pour cent* en sus des enchères, applicables aux frais.

Le Catalogue se distribue :

A Paris : Chez M° Pillet, n° 11, rue de Choiseul;
M. Mannheim, n° 10, rue de la Paix;

A Londres : Chez MM. Annoot et Gale, n° 16, Old Bond Street;
M. H. Durlacher, n° 113, New Bond Street;
M. Webb, n° 22, Cork Street.

A Bruxelles : Chez M. Étienne-Leroy.

A Francfort : Chez MM. Lœwenstein frères.

TABLE DES MATIÈRES

	Pages.
Argenterie ancienne	14
Bijoux	12
Bonbonnières, boîtes à mouches et drageoirs	7
Bronzes d'art	28
Bronzes meublants	29
Dessins	9
Emaux de Limoges	11
Émaux Louis XVI	9
Faïences de Bernard de Palissy	11
Faïences diverses	25
Laque Martin	11
Matières dures	26
Meubles	32
Miniatures	9
Objets divers	16
Porcelaines de Chine et du Japon	22
Porcelaines de Saxe et d'Allemagne	20
Porcelaines de Sèvres	19
Tabatières	5
Tapisseries	34
Verres de Venise et autres	26

DÉSIGNATION

DES OBJETS

PREMIÈRE VACATION
DU VENDREDI 4 MAI 1860

ressemble à des f[ous] — Prix énormes — trop cher

TABATIÈRES

5000

1 — Van Blarenberghe. Magnifique boîte ovale, montée à cage en or ciselé; la gorge est ornée de rosaces et guirlandes et le bec d'un médaillon à colombes; enrichie de dix fixés; marines, d'après Joseph Vernet, et paysages ornés de figures, qui peuvent être comparés par leur finesse aux plus belles compositions du maître. Étui en galuchat.

2420

2 — Grande et belle boîte carrée en vernis Martin, sur fond d'or rayonnant, sujet champêtre, d'après Boucher. Monture ancienne en or gravé.

Prix fantastique

— 6 —

3 — Grande et belle boîte carrée à deux tabacs, en écaille à beaux ornements rocaille posés et piqués or. Objet d'une conservation rare.

4 — Très-belle tabatière ovale, en or émaillé gros bleu, à ornements en or vert finement ciselés; sur le couvercle, un médaillon de la plus grande finesse, peint par Degault : Offrande à l'Amour. Le cadre ainsi que le cordon sont ornés de perles fines serties à chaînette. Étui en galuchat, à charnière et crochets en argent.

5 — Grande et belle boîte ronde en or émaillé à rubans alternés, gros bleu, orange et filets blancs, cordons à feuillages ciselés en relief et émaillés vert, rouge et opalin; au centre, deux émaux pleins, figures en grisaille sur fond rose. Étui en galuchat à charnière et crochets en argent.

6 — Petite tabatière ovale, en or émaillé, fond vert olive, à cordons finement ciselés en relief, à feuillages et émaillés de couleurs variées. Dans son étui du temps.

7 — Jolie tabatière carrée, montée à cage en or à ornements finement gravés et enrichie de six plaques en écaille coulée et piquée d'or, à paysages, coquillages et fleurs. Étui en galuchat à charnière et crochets en argent.

8 — Tabatière carrée, pans coupés, en or gravé, enrichie d'un beau fixé : halte de cavaliers, par Swébach père. Étui en galuchat à charnières d'argent.

9 — Belle boîte ronde en poudre d'écaille de couleur amaranthe à beaux ornements en posé d'or, gorge et galons en or ; ornée d'une belle miniature : portrait de lady H. Wilson en costume de paysanne, peint et signé par Montriot, 1785.

390 —

10 — Boîte ronde en écaille, ornée d'une belle miniature : portrait de dame dans un riche costume à dentelle, assise et lisant, par Letellier.

11 — Très-jolie boîte forme baignoire, en or guilloché à grains d'orge et cordons à chaînette en or vert. Étui en galuchat à charnières d'argent.

656

12 — Tabatière ovale, en or guilloché, cordons à perles en relief et rosace en or vert au centre, dans son étui en galuchat.

500

13 — Très-belle tabatière ovale, en argent gravé à rayons, ornée de bouquets de fleurs et encadrements en or de couleur en relief. Travail de la fabrique de l'hôtel de Pompone. Étui en peau de chagrin, charnière en argent.

361

BONBONNIÈRES, BOITES A MOUCHES ET DRAGEOIRS

14 — Charmant petit coffret élevé, formant bonbonnière, en or guilloché et émaillé bleu de ciel, montée à cage à ornements très-finement gravés.

1,020

— 8 —

15 — Bonbonnière en cristal de roche de la plus belle eau, de forme contournée, cuvette taillée à godrons et couvercle imitant une coquille ; montée à gorge en or, gravé dans le style rocaille.

16 — Très-jolie bonbonnière de forme contournée en jaspe vert, montée à cage en or à belles moulures. Étui en galuchat à charnière d'or.

17 — Très-petite bonbonnière, de forme contournée en très-belle cornaline orientale mamelonnée, montée à cage en or et à moulures. Étui en galuchat à charnière d'or.

18 — Bonbonnière ronde en cristal de roche uni, montée à gorge et cordons en or gravé à chaînette. Le béc, formé d'un rubis cabochon et de deux roses de Hollande. Étui en galuchat à charnière d'or.

19 — Petite boîte à mouches, en poudre d'écaille rouge à ornements posés d'or, contenant son petit blaireau monté en or.

20 — Petite bonbonnière forme corbeille, en ancienne porcelaine de Saxe à personnages, montée à gorge en or gravé.

21 — Bonbonnière en porcelaine tendre, formée d'un groupe de berger, son chien et deux moutons, montée à gorge en or, ornements de Bêche, et couvercle en agate orientale herborisée.

22 — Une autre, également en porcelaine tendre, composée d'un groupe de trois personnages ; gorge en cuivre doré.

23 — Grand drageoir de forme contournée, entièrement émaillé à sujets saints de belles couleurs variées, monté à gorge en argent. Époque Louis XIII.

24 — Drageoir en écaille, forme coquille, à ornements posés d'argent, figures, etc. Époque Louis XIV.

25 — Un autre, même époque, à peu près semblable.

ÉMAUX, MINIATURES ET DESSINS

26 — Van Blarenberghe. Très-belle miniature carrée, Diane et ses nymphes surprises au bain, par Actéon ; composition de douze figures, animaux, attributs, etc. Cadre en or et glace de cristal de roche.

27 — Siccardi. Belle miniature, portrait de femme, corsage orné de fleurs et coiffure à plumes.

28 — Petit médaillon ovale, Vénus désarmant l'Amour, dans le goût de Natoire, miniature de la plus grande finesse. Cadre en or repoussé et repercé à jour, glace de cristal de roche.

29 — Jolie miniature ronde, Enfants dans un paysage. Cadre en argent doré.

30 — Degault. Groupe d'enfants, peinture en grisaille sur fond noir. Cadre en argent doré.

31 — Parant. Hyménée de l'Amour, peinture en guise de camée de forme octogone. Cadre en argent doré.

32 — Pierre. Bacchanale, peinture en grisaille sur fond noir. Cadre en argent doré, signée.

33 — Miniature carrée sur hauteur, à pans coupés. Portrait de femme couronnée de fleurs. Époque Louis XVI.

34 — Savignac. Marine, miniature très-fine gouachée. Cadre en or.

35 — Van Pool. Vase de fleurs, miniature gouachée. Cadre argent doré.

36 — Garreau. Deux charmants dessins à la mine de plomb et à l'encre de Chine ; le Jeu de boules et le Jeu du volant. Cadres à perles et rubans.

37 — Oudry. Très-curieux manuscrit de fables inédites, enrichi de trente-cinq dessins à la plume et à l'encre de Chine, par Oudry, tous signés et aux millésimes de 1746 et 1747.

38 — Demailly. Très-belle peinture sur émail, Vénus et l'Amour, cordon émaillé en vert.

39 — Souvenir en ivoire, monté en or gravé et orné de deux très-beaux médaillons, émaux en grisaille. Portraits du roi Louis XVI et de la reine Marie-Antoinette, par Demailly. Dans son ancien étui en peau de chagrin.

40 — Hercule, très-jolie peinture sur émail, grisaille sur fond amaranthe, imitation de camée. Cadre en argent doré.

— 11 —

41 — Attributs de musique et fleurs, émail ancien sur fond gris. Cadre argent et or.

37 —

LAQUE MARTIN, ÉMAUX DE LIMOGES, BERNARD PALISSY

42 — Très-joli coffret à couvercle cintré, en laque Martin à dessins chinois, composés d'incrustations en argent et burgau alternés.

4900 —

<small>Objet très-rare que nous recommandons à l'attention de Messieurs les amateurs.</small>

43 — Très-belle assiette en émail de Limoges, grisaille teintée sur fond noir à rehauts d'or, par Pierre Raymond ; au centre, Apollon sur un char traîné par deux chevaux ailés, bords plats à mascarons, fruits et enroulements. Au revers, le Signe du Scorpion entouré de cuirs à enroulements et tors de lauriers.

1,151 —   *1051 50*
   85
   1516

44 — Une autre pouvant faire pendant à la précédente. Au centre, Mercure sur un char traîné par deux coqs, bords plats à mufles de lion, fruits et enroulements. Au revers, le Signe de la balance, entouré de cuirs à enroulements et tors de lauriers.

1,251 —   *Énormément cher —*

45 — Très-beau plat émaillé de Bernard Palissy, de forme ovale à bords plats ornementés ; la Belle Jardinière, une des plus belles épreuves du maître. *Vendu D X +*

1120 —
111
S/ Vendu par moi — 500 —

1,231

BIJOUX

46 — Magnifique étui forme carrée, pans coupés, en or émaillé gros bleu et riches cordons ciselés en relief et émaillés de couleurs variées. Étui en galuchat.

47 — Très-beau couteau de dessert, à lames de rechange dont une en or, manche en nacre de perle à feuillages en burgau et rosaces en petits rubis et brillants, monture en or gravé. Étui en galuchat.

48 — Étui en agate orientale monté en or, ornements de Bêche et poussoir en brillant.

49 — Étui en jaspe sanguin monté en or et poussoir orné d'une rose de Hollande. Étui en galuchat.

49 bis — Joli petit étui à ciseaux en filigrane d'argent, enrichi de petits sujets émaillés. Époque Louis XIII.

50 — Jolie petite cassolette en forme d'œuf, en jaspe sanguin, monté à gorge en or gravé, bec orné d'un rubis et de deux roses. Étui en peau de chagrin noire et cloutage d'argent.

51 — Petite cassolette en argent maté, ornements rocaille.

52 — Très-petit cachet en or ciselé et à colombes, enrichi de petits feuillages en roses de Hollande et orné d'une cornaline antique gravée.

53 — Petite clef de montre en forme de lyre, en roses de Hollande.

— 13 —

54 — Clef en or émaillé gros bleu. Travail de Genève.

55 — Autre petite clef en or ciselé et à ornements repercés à jour.

56 — Porte-crochet, en or ciselé à ornements en or vert. Epoque Louis XVI.

57 — Quatre boutons formés de mascarons en agate orientale, entourés de diamants tables et émeraudes.

58 — Cachet tournant en or, enrichi d'un scarabée en agate orientale gravée en creux ; combat de soldats romains.

59 — Bague en or émaillé vert, enrichie de cinq perles fines et de dix roses à trèfle. Travail moderne.

60 — Epingle formée d'un buste de pèlerin en cailloux d'Egypte, monté en argent doré et queue en or.

61 — Petit buste en ronde bosse en rouge antique, dans un cadre à moulures en jaspe sanguin et appliqué sur lignite noire.

62 — Très-bel éventail; la feuille à paysage orné de figures d'une grande finesse. Bois d'ivoire sculpté et repercé à jour, offrant cette particularité d'être sculpté sur l'épaisseur. Objet curieux.

63 — Autre éventail, feuille à médaillons, monture en nacre de perle dorée.

64 — Ancien porte-carnet Louis XV, en écaille, à fleurs en posé d'or et d'argent.

65 — Petit nécessaire de poche en galuchat, à ornements en or repoussé. Travail de Dresde.

— 14 —

66 — Petit étui, vernis Martin fond vert, paysages et figures peints en grisaille. galons en doublé d'or.

67 — Un autre, fond brun doré, même décor, même monture.

68 — Béquille de canne en ambre doré, formée d'un lévrier couché.

69 — Sifflet de chasse, formé d'une tête de chien en argent gravé et doré, yeux en grenat.

70 — Tire-bouchon en argent à ornements ciselés en relief. Époque Louis XV.

71 — Dragon ailé en argent ciselé formant applique. Travail du seizième siècle.

72 — Grand camée à deux couches, composition de deux figures sur matières tendre et dure; dans un médaillon en cuivre doré.

73 — Trois bijoux normands : une bague, un bracelet et un Saint-Esprit, ornés de strass.

ARGENTERIE ANCIENNE

74 — Magnifique pot à eau en vermeil, modèle balustre, à anse et couvercle, le bassin de forme contournée; médaillons à cygnes et ornements dans le goût des œuvres de Germain. Poinçon du maître J. D.

302 — 75 — Deux flambeaux en argent, à balustres ornementés et pieds carrés à coins rentrants et à moulures. Epoque Louis XIV.

300 — 76 — Deux autres semblables. *Lambert*

620 — 77 — Très-belle et ancienne corbeille à pain en argent, à branches, feuillages et fleurs repercés à jour et gravés.

380 — 78 — Cafetière en argent, forme droite à ornements rocaille repoussés.

150 — 79 — Coupe ovale et à huit lobes, à deux anses, en vermeil repoussé à ornements et fleurs. Epoque Louis XIII.

77 — 80 — Petit panier en argent de forme ovale, à piédouche et à anses mouvantes, bords renversés repercés à jour et à ornements ciselés en relief.

266 — 81 — Sucrier en argent de forme ovale, à couvercle et à anses, supporté par deux sphinx posés sur un plateau à ressauts enrichi d'une galerie à jour, à mascarons et rinceaux ciselés et repercés à jour. Epoque Louis XVI.

150 — 82 — Bout de table en argent, plateau à muscade de forme contournée supportant deux salières à galeries à jour. Ancien travail anglais.

82 — 83 — Deux salières anciennes, ornements Louis XV.

OBJETS DIVERS

84 — Joli groupe de deux figurines d'enfants couchés, en terre cuite; signé : Marin, à Milan 1796.

85 — Deux médaillons, portraits sur cire, d'un prince et d'une princesse de Mantoue. Travail très-fin.

86 — Ancien coffret carré en ivoire à couvercle cintré, gravé en noir; sur le couvercle, un blason dans un encadrement.

87 — Buste en bas-relief du roi Louis XV, sur biscuit de Sèvres, par Monié 1757. Cadre en cuivre doré.

88 — Saint François, peinture coloriée sur émail de Limoges, par Laudin. Cadre à moulures en bois noir.

89 — Deux médaillons ronds, bas-reliefs en cire blanche, Jupiter et Léda.

90 — Médaille en bronze doré, de Duprez père. Mariage de Henri IV et de Marie de Médicis (1603).

91 — Médaillon ovale, portrait de femme, profil à droite. Bronze florentin.

92 — Petit plateau en étain à médaillons et au millésime de 1610. Travail suisse.

93 — Cadre de miroir de forme carrée, le haut cintré, en bois sculpté en relief à rinceaux. Epoque Louis XIV.

94 — Boîte carrée en bois sculpté à beaux ornements en relief. Travail normand du temps de Louis XIV.

95 — Une autre semblable.

96 — Deux flambeaux en racine de buis sculptés dans la masse. Objets de maîtrise.

97 — Belle serrure en fer, à ornements ciselés en relief et figure chimérique formant bouton. Epoque Louis XV.

98 — Boîte-coffret, carré long, en bois d'érable, garnie d'encadrements en bronze ciselé et doré.

99 — Deux petits cadres de forme carrée en cuivre repoussé et argenté. Epoque Louis XV.

DEUXIÈME VACATION

DU SAMEDI 5 MAI 1860

PORCELAINES DE SÈVRES

100 — Très-belle tasse en ancien Sèvres, pâte tendre, forme cul-de-poule ; large bordure bleue rehaussée d'or à rinceaux réservés en blanc et guirlandes de fleurs décorées de couleurs variées.

Échantillon rare, d'une réussite parfaite.

101 — Belle tasse en ancienne porcelaine de Sèvres, pâte tendre, forme droite, fond bleu à pois blancs et rouges et beaux médaillons à oiseaux.

102 — Jolie tasse en ancien Sèvres, pâte tendre, forme cul-de-poule, bords bleu pointillé et guirlandes de fleurs.

103 — Tasse en ancien Sèvres, pâte tendre, forme droite, décorée de rubans d'or et fleurs en camaïeu bleu.

104 — Tasse en ancienne porcelaine de Sèvres, pâte tendre, forme droite, décor à fleurs et bords roses.

105 — Petit sceau à anses, ancienne porcelaine de Sèvres, pâte tendre, fond blanc et paysages en camaïeu rouge. Très-belle qualité.

106 — Sept pots à crème, ancien Sèvres, pâte tendre, de forme basse, à couvercles à boutons de fleurs et à anses, fond blanc et à fleurs.

107 — Petit pot à lait à anse et couvercle sans bouton, très-ancien Sèvres, pâte tendre, fond blanc et à fleurs.

108 — Deux petits pots à rouge, Sèvres dur, fond gros bleu, à médaillons à roses et une salière à trépied en porcelaine de Tournai, fond blanc et filets dorés.

PORCELAINES DE SAXE ET D'ALLEMAGNE

109 — Grand et beau bol à couvercle, en ancienne porcelaine de Saxe gaufrée et bouquets de fleurs; le bouton du couvercle est formé par deux jolies figurines d'enfants. Socle rocaille en bronze doré finement ciselé.

110 — Grande soupière ronde et basse, à deux anses à feuillages en relief, sur plateau et à couvercle dont le bouton est formé d'un citron coupé. Ancienne porcelaine de Saxe gaufrée et à bouquets de fleurs.

111 — Une autre, semblable à la précédente.

112 — Très-jolie jardinière de forme carrée contournée à deux anses rubannées, les panneaux à encadrements rocaille et médaillons à bouquets de fleurs. Belle porcelaine d'ancien Saxe décorée de couleurs variées.

113 — Deux petits sceaux forme ronde à quatre lobes, à anses modèle rocaille; ancienne porcelaine de Saxe, fond blanc, à bouquets de fleurs.

114 — Une écuelle à deux anses à branches de fleurs détachées, ses plateau et couvercle dont le bouton est formé d'un œillet en relief; ancienne porcelaine de Saxe gaufrée et à fleurs.

115 — Quatre jolies tasses en ancienne porcelaine de Saxe, bords à écailles vertes et paysages en camaïeu violet.

116 — Deux grandes et belles tasses en porcelaine d'ancien Saxe gaufrée et à côtes, fond blanc et fleurs émaillées.

117 — Tasse ronde et basse, bords rouges à grecques fond blanc et à fleurs. Ancien Saxe.

118 — Deux petits carlins assis en ancienne porcelaine de Saxe.

119 — Deux petits sabliers, en forme de corbeilles carrées, en ancienne porcelaine de Saxe gaufrée à quadrilles fond or, myosotis à l'extérieur; l'intérieur décoré de bouquets de fleurs sur fond blanc.

120 — Plateau en forme de feuille, figurant une fleur avec son bouton et sa fleur, émaillé rose et vert tendre.

121 — Autre plateau, forme feuille, ancienne porcelaine de Saxe, fond blanc et fleurs.

122 — Deux très-petites pelles à sable, porcelaine fond blanc et fleurs.

123 — Très-jolie veilleuse et son gobelet à bain-marie, porcelaine de Hœchst, mascarons en relief, bords à écailles violacées, médaillons de fleurs.

124 — Deux tasses en ancienne porcelaine de Fürstenberg, bords à écailles vertes et très-jolis médaillons à figures genre Teniers.

125 — Grand plateau forme ovale contournée à anses rocaille, ancienne porcelaine de Berlin, bords à écailles rouges et roses émaillées en vert sur fond blanc.

PORCELAINES DE CHINE ET DU JAPON

MONTÉES ET NON MONTÉES

126 — Deux vases de forme ovoïde à col allongé, en ancienne porcelaine de Chine, fond rouge brique, rehaussé d'ornements dorés, à quatre médaillons à mandarins surmontés de papillons émaillés; montures à anses en bronze doré. Haut. 23 cent.

127. — Un vase même porcelaine, même décor, monté en cassolette, à piédouche, gorge, couvercle et anses en bronze ciselé et doré; pouvant former le milieu des précédents. Haut. 32 cent.

128 — Deux très-belles jardinières de forme oblongue arrondie, en ancien céladon bleu empois fleuri. Monture en bronze doré.

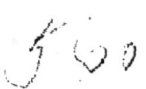

129 — Deux grands et beaux vases à couvercles, ancienne porcelaine de Chine, à médaillons, fleurs, vases, etc. Ancienne monture à anses brisées, en bronze doré, époque Louis XIV. Haut. 37 cent.

130 — Deux vases jardinières en ancienne porcelaine de Chine, émaillée à fleurs, rouge, vert et bleu; monture ancienne à anneaux mouvants en bronze ciselé et doré, à mufles de lions et à fleurs de lis. Epoque Louis XIV. Haut. 31 cent.

131 — Grand vase à grosse panse et goulot évasé, anses à papillons; ancienne porcelaine de Chine, à paons, fleurs et feuillages sur la panse et bordures, dessins cachemire, le tout émaillé des plus belles couleurs variées. Haut., sans le socle en bois de fer, 48 cent.

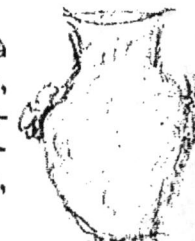

132 — Deux beaux vases à couvercles, modèle potiche, en très-ancienne porcelaine de Chine fond blanc ornée de grands personnages, mandarines faisant de la musique instrumentale dans un jardin; le tout émaillé de belles couleurs variées. Socles en bois de fer de forme contournée et sculptés à moulures. Haut., sans les socles, 48 cent.

133 — Coupe ronde en ancien céladon verdâtre craquelé, montée en bronze ciselé et doré, style Louis XIV, à anneaux mouvants. Socle en bois de fer sculpté. Diamètre 27 cent.

134 — Deux petits vases forme ovoïde allongée, en très-ancienne porcelaine de Chine craquelée brun, cordons à grecques ; monture très-fine en bronze ciselé et doré, sur socles carrés en porphyre rouge oriental. Qualité rare. Haut., sans les socles, 22 c.

135 — Sceau à deux anses, en porcelaine de l'Inde, fond blanc et à fleurs.

136 — Joli petit vase crachoir en porcelaine de Chine, fond caillouté brun et médaillons à fleurs.

137 — Écuelle en porcelaine du Japon, ses plateau et couvercle.

138 — Petit plateau, de forme hexagone, contourné en porcelaine de Chine, à mandarins et à bordure bleu turquoise ; objet rare d'une extrême finesse.

139 — Petit plateau carré à angles rentrants, porcelaine de Chine émaillée à fleurs.

FAIENCES

140 — Grand plateau ovale contourné, en ancienne faïence de Moustier; au centre joli médaillon, triomphe d'Amphitrite, en couleurs variées et guirlandes de fleurs boutons d'or, formant bordure. Il porte au revers le monogramme R. P.

141 — Très-belle écuelle à deux anses à branchages, sur plateau et à couvercle dont le bouton est formé par une rose; belle faïence ancienne au monogramme P. V., décorée de médaillons à fleurs et encadrements d'or.

142 — Jolie petite corbeille ovale en ancienne faïence de Rouen, bordure et fond à jour; elle porte au revers le millésime de 1730.

143 — Deux plateaux de forme contournée, faïence des Vosges, fond blanc et à fleurs de couleurs variées.

144 — Deux autres, également de faïence des Vosges, à fleurs en camaïeu vert; au revers un monogramme.

145 — Bouteille à grosse panse en faïence de Nevers, décorée de paysages et de figures.

146 — Vidrecôme en faïence allemande, ancienne garniture ornementée et repercée à jour.

147 — Couvercle de brosse en faïence de Rouen et plat de Nevers bleu de Perse.

VERRES DE VENISE ET AUTRES

148 — Grande et belle coupe, forme ronde et à lobes sur piédouche, en verre de Venise à filets blancs quadrillés.

149 — Coupe ronde en verre de Venise, élevée sur piédouche à balustre cannelé et doré, et culot à godrons et craquelé.

150 — Coupe à six lobes, en verre de Venise, très-fin et très-léger, sur piédouche à torsade, le haut rubanné blanc et filet émail bleu au bord.

151 — Verre de Venise violet, piédouche blanc à balustre.

152 — Autre verre de Venise blanc, de forme évasée et très-régulière.

153 — Vase en verre de Venise de forme ovoïde.

154 — Deux jolis plateaux ronds à anses, en verre de Bohême très-finement gravé.

MATIÈRES DURES ET MARBRES

155 — Porphyre de Jérusalem. Vase rond à grosse panse à anses carrées prises dans la masse et sur piédouche. Haut. 25 cent.

— 27 —

156 — Labrador. Belle coupe ronde à bords évasés, sur piédouche et socle carré, de même matière. Diamètre 32 cent.

Objet très-rare comme dimension et peut-être unique.

157 — Porphyre de Smyrne. Coupe ronde à piédouche pris dans la masse, travail exécuté à la main; posée sur un socle carré en granit rose d'Egypte et monture très-fine à anses en bronze doré au mat. Diam. 24 cent.

158 — Albâtre de Sicile. Deux Statuettes anciennes, sculptées d'après l'antique. Le Joueur de flûte et le Joueur de palet; sur socles en bronze doré, moletés et enrichis de perles. Haut. totale 53 cent.

159 — Marbre blanc. Petit buste de femme, joli travail, du commencement du XVIIe siècle. Socle en vert Campan.

160 — Marbre du Languedoc. Ancien coffre à tabac à deux compartiments et à couvercle, forme tombeau, enrichi de moulures et de sculptures; avec ses bronzes dorés de l'époque.

161 — Encrier en ancienne brocatelle d'Espagne, à double gorge et moulures.

BRONZES D'ART

162 — Figure d'Andromède, assise sur un rocher et attachée par des chaînes; bronze de l'époque de Louis XIV; sur socle carré à moulures en bronze doré.

Ce beau travail peut être attribué à Coustou le jeune (Guillaume), sculpteur et fondeur, élève de Coysevox. Haut. sans le socle, 60 cent.

163 — Deux figures, faune et faunesse agenouillés tenant de chaque main une lumière. Bronze florentin d'une très-belle exécution. Haut. 30 cent.

164 — Petit groupe en bronze d'une grande finesse, de couleur florentine. Silène et enfants vendangeurs, composition de cinq personnages dans le goût de François Duquesnoy, dit le Flamand; sur socle carré en bronze doré à tors de lauriers, enrichi de quatre plaques en porphyre rouge oriental.

165 — Deux très-jolis groupes en bronze de couleur florentine; l'un, Amours se disputant un cœur; l'autre, Amours se disputant une rose; sur socles en marbre blanc ornés de bronzes, ciselés et dorés au mat. Époque Louis XVI. Haut. 30 cent.

166 — Deux jolies figurines, enfants couchés et endormis, en bronze de couleur florentine, sur socles à gorges en bronze ciselé et doré, époque Louis XVI.

167 — Ancienne statuette en bronze italien; guerrier vaincu

à tête barbue et casqué, drapé dans un manteau, sur socle rond en marbre royal. Haut. 38 cent.

168 — Petit buste de femme en ronde bosse en bronze florentin, appliqué sur porphyre rouge oriental ; dans un cadre ancien en ébène à moulures, garni d'ornements en cuivre doré. Epoque Louis XIII.

BRONZES MEUBLANTS

169 — Belle pendule en bronze ciselé et doré, ornée de deux figurines de femmes, dont une assise sur un coffre-fort aux armes de France ; l'autre, debout, soutenant une corne d'abondance d'où s'échappent une couronne, des monnaies aux armes de France, des fruits et des fleurs ; sur socle de forme contournée. Cette belle pièce est enrichie de bas-reliefs, enfants génies faisant de la musique. Epoque Louis XVI. Haut. 48 cent.

170 — Deux candélabres en bronze ciselé et doré, bacchant et bacchante soutenant une corne d'abondance d'où s'échappe un bouquet de lys à cinq lumières ; socles en marbre de Sainte-Baume à moulures en serpentine et plinthes en marbre griotte rouge. Epoque Louis XVI. Haut. totale 84 cent.

171 — Pendule de Manière, à cage de forme carrée, en racine d'if, garnie de bronzes ciselés et dorés au mat. Haut. 46 cent.

172 — Pendule en bronze ciselé et doré au mat en marbre blanc, ornée de figurines et à cadran émaillé de coteaux. Epoque Louis XVI.

173 — Autre pendule en bronze ciselé et doré au vermeil, ornée de figurines, sur socle et contre-socle en marbre banc.

173 bis — Pendule en marbre et bronze doré, fût de colonne surmonté d'une sphère tournant sur elle-même et marquant l'heure. Époque Louis XVI.

174 — Deux grands et beaux bras de cheminée, modèle rocaille à deux lumières, en bronze doré. Epoque Louis XV.

175 — Deux autres très-jolis bras de cheminée, à trois branches reliées entre elles par des guirlandes de lauriers, bronze finement ciselé et doré. Epoque Louis XVI.

176 — Deux bras de cheminée à deux lumières, mascarons et branches soutenant des festons de lauriers, en bronze ciselé et doré. Epoque Louis XVI.

177 — Deux charmants petits feux en bronze très-finement ciselé et doré; Lion et Lionne couchés sur socles carrés à frises ornementées et tors de lauriers. Epoque Louis XVI.

178 — Deux autres, Lions debout au bronze vert antique sur terrasses et socles carrés à feuilles d'eau sup-

portés par des pieds cannelés en bronze ciselé et doré. Epoque Louis XVI.

179 — Deux petits feux en bronze parfaitement ciselé et doré, ornés de deux cassolettes à trépieds et à galeries. Epoque Louis XVI.

180 — Deux charmants flambeaux à deux lumières, colonnes ornées de trois dauphins. Bronze finement ciselé et doré. Epoque Louis XVI.

181 — Belle paire de flambeaux, figurines d'esclaves agenouillés supportant sur des coussins des petits vases en marbre blanc et posées sur plateaux en bronze ciselé et doré à feuilles d'eau et perles. Modèle rare. Epoque Louis XVI.

182 — Deux flambeaux à colonnes cannelées en rouge antique, bobèches et socles en marbre blanc, contre-socles à moulures en marbre brocatelle d'Espagne; le tout garni de bronze ciselé et doré. Epoque Louis XVI.

183 — Deux flambeaux, modèle à trépied, à ornements très-fins dorés au vermeil, sur socles en ancien marbre bleu turquin. Epoque Louis XVI.

184 — Belle paire d'anciens flambeaux en bronze ciselé et doré. Epoque Louis XIV.

185 — Deux flambeaux en cuivre à ornements ciselés. Epoque Louis XIV.

186 — Deux girandoles à trois branches rocaille, très-beau modèle, en cuivre argenté. Epoque Louis XV.

187 — Cadre ovale pour miniature, en bronze ciselé et doré au mat à branches de lauriers. Epoque Louis XVI.

188 — Très-joli lustre ancien en bronze doré à six lumières, Epoque Louis XV.

188 *bis* — Deux socles en bronze doré, à perles.

188 *ter* — Deux socles bronzés, cordons à perles.

MEUBLES ANCIENS

189 — Grand et très-beau bureau à cylindre brisé, en bois de rose et bois d'érable à damiers, richement garni de bronzes ciselés et dorés ; la face antérieure se compose de deux corps de tiroirs séparés par un large tiroir ; à l'intérieur, tablettes, tiroirs et casiers en bois de rose.

La face postérieure a trois portes formant armoires. Les quatre angles du meuble sont formés par des pilastres dont la marqueterie imite des cannelures.

Ce meuble, du plus beau caractère de l'époque Louis XVI, mérite l'attention de Messieurs les amateurs.

Long. 1 m. 50 cent. Profond., 85 cent. Haut. 1 m. 18 cent.

— 33 —

190 — Beau casier en acajou ronceux, sur hauteur, à tiroirs et cartonnier, garni de bonzes dorés. Tablette en brocatelle d'Espagne. Travail de Riesner.

191 — Meuble en acajou moucheté massif, à deux ventaux et à pans coupés, à moulures en cuivre, tablette en marbre blanc. Epoque Louis XVI.
Larg. 1 m. 10 cent. Haut. 1 m. 60 cent.

192 — Un autre de même forme en acajou ronceux formant le pendant du précédent.

193 — Grande et belle commode en bois d'acajou, à deux grands et trois petits tiroirs, coins arrondis figurant des colonnes cannelées; à belles frises, moulures, etc. en bronze ciselé et doré. Tablette en marbre cipolin. Epoque Louis XVI, travail de Robert ou de Saulnier. Long. 1 m. 30 cent.

194 — Beau meuble à hauteur d'appui en ancienne marqueterie de Boule à deux portes, richement garni de ses cuivres finement ciselés et dorés. Tablette en marbre noir. Long. 1 m. 40 cent.

195 — Ancienne table à ouvrage ovale, à pieds de biche et tablette d'entre-jambes, en bois de citron, marqueté de rosaces et losanges. Tablette en marbre cipolin. Epoque Louis XVI.

196 — Jolie table à ouvrage, de forme carrée, en acajou ronceux frisé d'ébène et filets de cuivre, à tablette d'entre-jambes et sur quatre pieds carrés, à moulures cannelées en bronze doré. Travail de Riesner.

197 — Table à ouvrage carrée en bois d'if, sur colonnes en

ébène cannelées, tablette d'entre-jambes et richement garnie de bronzes ciselés et dorés. Tablette en marbre blanc. Travail de Raymond.

198 — Table à ouvrage carrée en marqueterie de bois de rapport sur quatre pieds carrés, garnie de bronzes dorés. Époque Louis XVI.

199 — Bonheur du jour à cylindre en acajou, à filets d'ébène et de cuivre et à deux petits ventaux à glaces.

200 — Petit meuble ancien en bois noir et filets de cuivre, à deux portes vitrées. Larg. 1 m. Haut. 1 m. 10 c.

201 — Ancien coffre à bijoux, de forme carrée, en bois ronceux garni d'ébène et de ses cuivres du temps.

TAPISSERIES, TOILE DE JOUY ET GUIPURES

202 — Grande et belle tapisserie des Gobelins, nombreux personnages, et très-belle bordure à amours et vases, dessins de la renaissance.

203 — Deux autres, également des Gobelins, sur fond blanc, femmes, amours, chevaux, etc., dans un paysage; seront vendues ensemble ou séparément.

204 — Jolie tapisserie des Flandres, paysage orné de figures, bordure à attributs.

205 — Deux portières en ancienne tapisserie des Flandres.

206 — Deux petites portières en ancienne tapisserie d'Aubusson, à personnages et bordures à draperies.

207 — Un lot de morceaux de tapisseries.

208 — Garniture de meubles en guipures de Venise et de Naples, comprenant :

    Un volant de 4 m. 25 de long., de 30 à 35 cent. de haut.

    Deux coussins ;

    Un fauteuil de 2 mètres. Bordure à dents.

209 — Une garniture de meubles semblable à la précédente.

210 — Petit couvrepied en ancien bazin brodé.

211 — Ancienne toile de Jouy. Quatre grands rideaux, ciel de lit, etc. Garniture complète d'un lit.

212 — Sous ce numéro les objets omis.

www.ingramcontent.com/pod-product-compliance
Lightning Source LLC
Chambersburg PA
CBHW071202240526
45470CB00017B/1235